1

IL DRAGO
MANGIACOLORI

(i pensierini)
di
Paolo Luporini

DEDICA

Questo libro è dedicato a voi,

cavalieri e fanti timidi e senza nome

che con le vostre imprese

fate sì che l'uomo

non si trasformi in una bestia.

Sconfiggete il drago mangiacolori

che distrugge tutta la gioia,

la fantasia,

la musica e i profumi

che sono il gusto del vivere sulla terra.

Di Bellezza c'è un gran bisogno,

altrettanto che del sogno.

A chi mette colore

nella vita di ogni giorno,

alle donne, ai bambini,

a pittori e poeti

che ravvivano il giorno

e rischiarano le nostre veglie insonni.

Lo facciamo un po' anche noi,

ci siamo arrivati,

poi.

PER GIUDICARE LE POESIE

C'è un sistema semplicissimo e pratico per stabilire se una poesia è vera poesia: leggetela distrattamente, meccanicamente, senza il minimo sforzo, addirittura pensando ad altro. Se è poesia di quella buona, state pur certi che qualcosa vi entrerà nel cervello, vi toccherà come una punta. Perché la grande poesia contiene una carica di vita che basta toccarla inavvertitamente per ricevere una scossa. Naturalmente, per una totale comprensione, occorrerà in seguito starci su, leggerla e rileggerla. Ma una sommaria identificazione è facilissima. Come succede per i violinisti, che bastano quattro note per capire se sono grandi o no (mentre i pianisti sono un po' come i prosatori, prima di esprimere un giudizio, bisogna starli ad ascoltare lungamente e poi ancora pensarci su tre volte).

(Dino Buzzati, *In quel preciso momento*)

Vincere il drago

Ma qui ti mando il grido del mio sangue
ch'agita la foresta della veglia.
Oh mio rosso cavallo...
O conscia anima angelica,
o racchiusa crisalide
il tuo guscio era un morire
della tua luce entro la notte oscura
d'un antico tuo male inconosciuto.
Or che tu stessa infrangi
la parete del tuo passato,
irromperà la morte in quel tuo chiuso
e sveglierà dal cupo del sonno antico
un angelo primevo
che aprirà le sue grandi ali di fuoco,
rare all'amore che ti volle vita.

(Arturo Onofri)

RINGRAZIAMENTI

RINGRAZIO tutti quelli e quelle che non ho ancora ringraziato nei XXIII libri precedenti. *I tanti miei pensierini sono molto debitori a tanti sconosciuti che silenziosamente hanno fatto bella la Terra. È purtroppo tornato qualcosa che era dimenticato, censurato da un secolo, ciò che decine di milioni di morti sacrificati non sono riusciti a scongiurare. Insieme ad egoismo, prevaricazione, interesse, olocausti d'innocenti colpevoli di voler esistere nonostante l'evidenza, c'è il revisionismo della coscienza. Della vera bellezza onesta di uno spirito bello e puro capace di pensiero alto di dono e Amore si vuol fare spazzatura e sostituirla con la lordura. È perciò che ringrazio ancora una volta gli artisti, gli attori, gli interpreti, i copisti, gli artigiani che riproducono la bellezza che dell'umanità si fa ricchezza. I tanti muratori che costruirono le cattedrali, pilastri della terra contro del cielo i mali. Il Drago Mangiacolori non riuscirà ad essere più veloce di quanti (e sono tanti!) colorano il mondo con arcobaleni che gli resistono.*
PL

IL DRAGO MANGIACOLORI

Sei reclutato.
La tua missione è impedire
al drago mangiacolori
di distruggere
la sorgente dei colori,
dalla cui montagna sorgono fiori
di tutti i colori.
Tre fatine
ne hanno cura.
Tu non avere paura,
con un po' del tuo coraggio,
dopo aprile torna maggio,
in primavera tornano i colori,
risbocciano nuovi fiori.

6 ottobre 2023

IL DONO DI UN GIORNO

Se aveste un calendario
a cui si sfogliano i giorni
potreste strappare quello di oggi
e metterlo in una scatolina,
incartarla,
infiocchettarla,
e farne dono
alla vostra persona più cara.
Regalatele il giorno del sorriso,
vi ricambierà con il suo.

6 ottobre 2023

MONDO CAPOVOLTO

L'asse della Terra

ha tanto girato

che l'asse ha ruotato

e siamo a testa in giù

e il solito Nord non c'è più.

La vecchia stella polare

è riferimento meridionale.

Lo stesso paragone vuole

che servendo perle rare

i cosiddetti, come suole,

prediligon ghiande amare.

Non è poi tanto all'incontrario

codesto mondo immaginario.

6 ottobre 2023

OGGI, AL MARE

Oggi vado al mare,

ma non mi vado a bagnare.

Qui sono nato,

se m'allontano son disperato

e non mi faccio mancare

un tramonto in riva al mare.

È un moto d'affetto

per un paesaggio perfetto.

Non mi posso immaginare

dal mio mare allontanare.

Ecco, l'ho scritto,

per un po' starò zitto.

8 ottobre 2023

(Cacofonia dataria)

EQUIDISTANZE

In una guerra

in cui ciascuno ha torto

solidarizzi con chi è morto.

9 ottobre 2023

CARE VEDOVE

Quando innaffiate i fiori,

abbondate con l'acqua,

che bagni la lapide e il cemento,

che trapassi infine

la lamiera di zinco

dei mariti trapassati,

o moriranno assetati.

Giovani figli,

fatevi una radiografia

perché sia

la lastra

per la morta zia.

O caro frè,

ti sia chiaro,

la bara non è

la moglie del baro.

Palazzinaro abusivo,

tu che da vivo

godevi di un condono tombale,

per te

la tomba sia letale.

E tu, che dicevi

"Il condono non mi piace",

ma poi lo chiedevi,

non riposi in pace.

Signor becchino,

quando la sera cala,

dì a sora morte

che tu riposi la pala.

Quando moro io,

vojo, o figlio mio,

che in grandi bevute

cogli amici,

brindi a mia salute!

Voi,

che leggete e ridete,

sappiate che

"Ciò che sarete voi

noi siamo adesso,

chi si scorda di noi

scorda se stesso".

10 ottobre 2023

INGENUA STELLA

Degli inglesi e della corte

ingenua stella,

la vittima più bella.

10 ottobre 2023

SAREBBE BELLO

Se a comandarci
fosse
una maestra
montessoriana
junghiana
anziana
vegetariana
di mente sana
di molto buona
che quando suona
la campana
ci dà vacanza
la settimana
e la domenica, senza la messa,
assolve tutti, ma non confessa.
Che grande donna,
quella madonna
dentro una gonna!

10 ottobre 2023

MUSO DI TINCA

Cos'è il muso di tinca?
È quella simpatica
parte anatomica
che unisce l'utero
al dilettevole.

11 ottobre 2023

DAL COMASCO AL COSMICO

Brunate:

Funicolare

per la Polare!

Chiasso

da basso.

11 ottobre 2023

ARRIVANO I NOSTRI

7° cavalleggeri,
caporale Martini,
suoni la carica!
Sgt. Pepper, pronto a sganciare!
Lonely hearts club band,
we hope you will enjoy the show.
Mettetevi comodi
e godetevi lo spettacolo,
la banda inizia a suonare.
É di certo un'emozione.
Siete un pubblico così delizioso,
vorremmo portarvi a casa con noi,
cari spettatori,
vorremmo portarvi a casa.
Non sarà possibile,
godetevi lo spettacolo!

13 ottobre 2023

LUNA PIENA

Sembra che stanotte
questa luna
non del tutto piena
sia più grande,
nel levarsi all'orizzonte.
In quel punto, è normale,
è più grande,
ma stasera
è speciale
e, se sale,
cresce.
Un timore
ci assale,
che ci cada sulla testa.
La paura ancestrale
d'un nuovo male
che minaccia,
e quella faccia
bianca
è più rossa,
quasi viola.
Dal mare cola
un fumo nero
ombra del cimitero.
Il tubo di stufa d'una nave
scatena zolfo
su tutto il golfo
e questa tosse che ci prende

è il prezzo che fa pagare
chi nostra salute vende.

LENZUOLATE,
affumicati,
o rivotate,
avvelenati!

14 ottobre 2023

NO ZOLFO DEI POETI!

V A S

info 353 4336441

LENZUOLATA
CONTRO i FUMI delle NAVI

Nelle città portuali le navi da crociera inquinano più delle auto

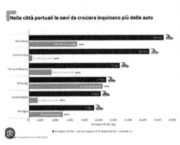

METTI FUORI IL TUO
LENZUOLO

(e legalo BENE !)
SALVA I TUOI POLMONI !

Dal 13 ottobre in tutte le finestre

NO - Z(G)OLFO dei POETI

LA NUVOLA

Due alberi e una nuvola

si cercano,

reciprocamente.

La nuvola cerca di dare,

le piante anelano

di ricevere.

Un mutuo utilitarismo etico

ci unisce,

ma le nuvole bagnano il deserto

e due alberi

aspettano, aspettano.

Un fiore nascerà dal deserto,

un'altra nuvola bagnerà quei fratelli.

Così noi, uomini e donne,

aspettiamo o doniamo

usiamo o amiamo.

Un fiore nascerà dal deserto.

14 ottobre 2023

1

[1] ph. Andrej Šafhalter

MAKE LOVE NOT WAR

Mi chiedo

se potrei dire altrettanto.

"Altrettanto".

15 ottobre 2023

ADDIO, E GRAZIE PER TUTTO IL PESCE

"*La vita, l'Universo*

e tutto quanto",

la domanda fondamentale dell'Universo,

il Messaggio Finale di Dio

alle Sue Creature.

Di tutto un po',

in "Guida galattica per gli autostoppisti",

segreti importantissimi

che si scordano,

come le rivelazioni

che ci arrivano

dai deja vu, dai poeti,

da versetti di Salmi,

sure coraniche,

brandelli di mai tradotte

incisioni etrusche.

Anche i sogni si dimenticano,

ed è così che se ne partono i delfini,

intelligenti fratelli:

emigrano su Giove,

grati per il pesce.

Noi, da soli,

non se ne esce.

Ricordo solo "*quarantadue*".

15 ottobre 2023

HYBRID

"*Quando hai smesso di credere che tutto fosse possibile?*",

così ti dice la pubblicità di una nuova auto ibrida,

credevi ai draghi sputafuoco e volanti.

Ai draghi buoni,

e questi hanno sganciato il napalm

e le bombe al fosforo,

hai rinunciato a pensarci.

Il tuo San Giorgio,

il cavaliere buono e cortese,

armato solo di coraggio,

si è ritirato in pensione,

poi è scomparso,

risucchiato dallo scarico

di una lavatrice.

Ora che pure tu

sei in pensione,

puoi riprendere a sognare

di abbattere

o cavalcare il drago.

Cosa vuoi fare?

15 ottobre 2023

IO PICCOLO INDIANO

Mio papà mi portò,

un pomeriggio,

al cinema Cozzani.

Proiettavano

un film d'indiani.

Era la storia di un piccolo pellerossa

ed io credetti di vederlo in diretta

senza che l'indianino lo sapesse.

Così poi credetti che lui,

mentre io giocavo,

mi vedesse

mentre io non lo vedevo.

Il cinema era un Grande Fratello,

e noi inconsapevoli attori

protagonisti principali.

Ora, adulti normali,

a volte pensiamo

che a nessuno interessiamo.

È la nostra VITA un cinema

per cui nessuno compra il biglietto.

È, questo,

un mondo perfetto?

15 ottobre 2023

CONTRADDICENDO

Contraddicendomi

quando dico,

come qualcuno ha già detto,

che tutto ciò che viene detto

e scritto

è già stato scritto e detto,

sono assertivo nel dire

che non è banale

dire in modo nuovo

ciò che sarebbe uguale.

18 ottobre 2023

ORA DORMI

Ordino a me stesso,

ma è una richiesta di permesso,

dopo l'esame di coscienza,

alla fine di giornate spese bene,

con tenerezza e pazienza,

mamma di me stesso

eppure il sonno non viene.

Sembro non aver finito,

allora scorro ancora il dito,

soppeso con lo sguardo lo schermo,

sospendo e poi mi fermo.

Riprendo domattina

(ma è già oggi)

questi versi da dozzina.

18 ottobre 2023

GEOMETRIE NON EUCLIDEE

Già in terza media mi disse,

la mia profe di matematica,

che esistono geometrie

in cui due rette parallele,

all'infinito,

s'incontrano.

A noi sembrò normale.

Non sapevamo immaginare,

in un mondo tondo,

in galassie curve,

come non dovessero farlo.

Pensammo ai matematici

come a strane persone folli

che fantasticavano cose astratte,

irreali, matte.

Trovai perciò normali

i loro numeri irrazionali

e mi piacque fantasticare

sui numeri immaginari

in cui la Fantasia

crea

la formula della Bellezza

incomprensibile ai più,

non meno bella

della più bella

stella,

anima gemella

di un mondo relativo

di opposti

in alieni posti

in cui la quarta dimensione

si fa quinta, sesta,

in un'assonometria

assurda per la più fervida fantasia.

Una diversa geometria

che moltiplica matrici

e divide in frazioni

le più strette relazioni.

Assurdo e identico è l'Amore,

bello e pazzo, pazzo pazzo.

Estrania dalla folla,

arrossa ogni colore,

ogni frequenza

di numeri primi, soli in sequenza

che come soli potevano far senza

del reciproco specchiato

d'un algebrico risultato.

18 ottobre 2023

2

2 + 2 = 5

Vero, come due più due fa cinque.

Come una volta al circo,

un clown bianco illusionista

confondeva un incredulo Augusto

mescolando le proprie dita

scrollandole da quattro a cinque

estraendo il pollice

e quello, stupito,

mi faceva divertito.

Mi succede, ora,

con la cataratta,

l'illusione d'altra fatta,

di confondere i numeri, le quantità, le cose,

il pane con le rose.

Se il dettaglio è più necessario,

il miraggio sempre ordinario,

mi convinco che il senso della vista

mi confonde come in quella pista,

perché un dio si muova al riso

vedendo me... stordito in viso.

18 ottobre 2023

SPALANCO GLI OCCHI

Spalanco gli occhi,

digrigno i denti,

più raramente son sorridenti.

Son corrucciato,

preoccupato,

per questa spada sospesa

come una trappola sottesa

né in alto né fuori,

è un sentimento

che smangia i colori,

ci dà sgomento,

offre un lamento

come un tormento

e ci arriva coi tuoni

d'un temporale

che finirà male.

È preceduto dai suoni

scoppiati dai lampi,

dal bagnarti non scampi

né col cappello

né con l'ombrello,

il problema è quello,

quei che scaglian gli strali

son generali

maledetti

protetti

da tetti

perfetti

immuni dai confetti

su di loro diretti

da minuscoli caporali

granatieri

nati ieri

che brandiscono clisteri

con cui spruzzano sederi

stitici

in momenti così critici.

Se null'altro si può fare,

servirà lo scioperare.

Contro il temporale,

SCIÒ-PE-RO

SCIÒ-PE-RO

GE-NE-RA-LE!!!

19 ottobre 2023

22:59

Sono le ventidue

e cinquantanove:

il campanile batte

undici rintocchi.

Diteglielo, al papa,

che la Chiesa Cattolica

è sempre troppo avanti!

19 ottobre 2023

SCESÌ

Sdoganiamo il verbo scendere.
Con un sondaggio tra gl'itagliani,
l'Italia meloniana ha così votato:
Scendette = 27,3 %
Scese = 24,7 %
SCESÌ = 2,2 %
Ha sceso = 36,1 %
i restanti = Non so
Morale: libertà = schiavitù
        guerra = pace
        ignoranza = forza.

Ieri, il Grande Fratello
ha avuto uno share del 16,6 %. È un segnale che
la trasmissione è in declino.
Rai FdI batte Mediaset 2 - 1.

20 ottobre 2023

MINVER

Dopo i fatti recenti della Striscia di Gaza,
MinVer (Ministero della Verità)
ha apportato una modifica
alla Neolingua:
"La trasmissione di Antonio Ricci
'Striscia la notizia'
si chiamerà 'Striscia la fake'".

20 ottobre 2023

VERRÀ LA MORTE ED AVRÀ ALTRI SBOCCHI

Un mio caro amico,
un coetaneo,
dopo venti minuti che parlavamo,
per stravolgermi,
mi ha chiesto:
"Come ti chiami?".
Al che, gli ho risposto:
"Mi chiamo Ismaele..."
ed ho continuato...
per altre 586 pagine...

21 ottobre 2023

CRIMINALI CONTRO SÉ STESSI

GRAZIE, NERUDA!

Non sentire che, senza di te,
il mondo non sarebbe lo stesso,
quello è il vero crimine.

21 ottobre 2023

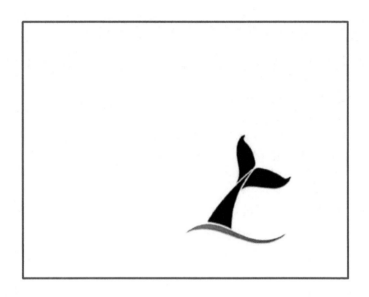

NEVICATA DELL'85

Mi ricordo
che tutta la città era bianca.
L'attraversai dal Canaletto
a Fossitermi
e m'inzuppai gli scarponcini
da soldato e le calze,
e la sera,
le calze, erano ancora zuppe.
Le mangiai per cena
col cucchiaio
e uno spicchio d'aglio.

21 ottobre 2023

3

---

[3] Foto Teresa Savoca

L'EREDITÀ

Non parlo di ghigliottina,
indovinelli,
fili di parole,
giochi televisivi.
Ma di successioni.
L'affetto per i figli
l'ha creata,
questa catena interminabile
di patrimoni
caduti in mani indegne,
tesori iniziali depredati
con violenze,
furti, truffe, estorsioni,
rapine, saccheggi, omicidi,
sfruttamento, tradimenti,
come, altrimenti,
accumulare grandi possedimenti?
Si dice che ogni italiano nato
abbia un debito tanto elevato
che non basti una vita di lavoro
per vederlo ripagato,
mentre quei milioni
li han rubati gli Agnelli
con le Casse Integrazioni.
Dov'era il rischio d'impresa?
Il conto di quella spesa
lo pagheranno
i nostri nipoti e figli

nati nudi come gigli.
La mia proposta?
Un giubileo,
una livella,
e che ad ogni minore
sia donato,
in parti uguali,
il monte confiscato,
interamente rubato!

15 agosto 2023

Sta per terminare il Ferragosto...
e penso già al Natale.

PROLET

La tentazione
di cedere a quei vizi
permessi ai prolet
e vietati alla casta intermedia,
indiziata di psicoreati
e soggetta alle purghe continue,
alle torture, alle privazioni,
alle confessioni e alle esecuzioni.
Il pub, le birre, le chiacchiere,
i litigi sulla Lotteria,
sul calciomercato
e il campionato,
la Settimana Enigmistica,
il Sudoku,
una vita più lunga,
grigliate,
gite fuoriporta,
il gozzo,
la fainà,
il polpo,
i muscoli ripieni,
il cinepanettone,
tik-tok,
l'asservimento

al non pensarci,
all'ARCIcaccia,
al perder la faccia
di fronte ai vicini,
ai conoscenti,
ai parenti,
come in una telenovela
scritta male,
da riscrivere al pranzo di Natale.
Tentazioni di cui mi privo,
con il rischio
di non restar vivo,
di non baciare sotto il vischio.

15 agosto 2023

APRÈS DE NOUS

Il diluvio
lo pensiamo alle spalle.
Invece ci travolge
l'undicesima piaga d'Egitto,
mai paga.

Un editto
di nostra proscrizione,
persecuzione
comune a tutti,
cattivi, buoni, belli e brutti.

22 ottobre 2023

CUBISMO

(di Rubik)

I'M ALL <u>RIGHT</u>

"Va bene, tutto bene!",
si dice a uno che chiede "Come va?",
ma lui non vuole saperlo.
Tu non vuoi dirlo.
Che succederebbe,
se gli elencassi
una lunga lista
di tutte le cose che non vanno
perché lui non ci ha fatto nulla,
ignaro del malessere che ha provocato
per non averci neanche provato?

22 ottobre 2023

CREALTÀ

- Omaggio ad Alessandro Bergonzoni -

La televisione va guardata,
ma non va accesa.
Piuttosto rammenta:
ammenda la memoria,
cuci insieme l'arte
con la parte
che altrimenti se ne parte.
L'Alzheimer,
'sto tedesco
lui arriva troppo presto.

23 ottobre 2023

CANTICCHIARE LA MATTINA

Canticchiamo canzoni diverse,
tu ed io.
Amo le tue,
ne seguo il motivo,
anch'io.
Tu storpi le mie,
tentando di farmi un coretto,
ti faccio il verso,
mi fai un buffetto,
si ride, si scherza,
ci si pensa vicini,
tra un'ora o tra due,
ti ripenso io,
lo fai anche tu.

25 ottobre 2023

FACHIRO

M'immedesimo, da un po',
con l'archetipo del fachiro,
del penitente, del flagellante,
se, sofferente,
mi risveglio da quel letto di contenzione
piazzato al centro della mia magione
da cui mi alzo presto e ce n'è ragione,
sono i dolori che lui mi pone
e non ne faccio poi più di tanto chiasso
rotolando lì giù da basso
sul tappetino
immedesimandomi zerbino.

Allo stesso modo
c'è qualche chiodo
che trafisse nostro signore
in olocausto per nostro Amore.

25 ottobre 2023

PSICOREATO

Mi sono sbagliato.
Ho cappellato.
Ho fatto un casino,
non è colpa del vino.
Non dovevo farlo,
nemmeno pensarlo,
ma meno ne parlo,
rimuginarlo
è un tarlo
che smangia
e rimangia
la piccola frangia
del resto di serenità
ammissibile a quest'età
La pena prevista,
scontata
a vista,
una grossa frittata
non più rovesciata.
Una brutta nottata,
cazzata
mai
rimediata.

25 ottobre 2023

TENNIS FIELD CLUB

Non è raro il malcostume
promiscuo nel club del tennis
per cui la moglie
se la faccia con l'istruttore,
ma pure che nel doppio
si assista
allo scambio delle coppie,
cosa mai vista!

25 ottobre 2023

COMPLEMESE

Compio oggi 820 mesi.
... Che sono, all'incirca,
2.125.440.000 secondi.

Auguri Paolo! Letto in secondi,
si potrebbe dire che il tempo vola...

Dopo tutti i secondi, arriva il dolce.
E dopo l'amaro, il conto!

Per questo dobbiamo saziarci,
di ogni buon alimento...
il conto finale arriverà al buio.

Può essere una sofferenza,
ma, se l'oste è onesto,
sarà un prezzo giusto.

26 ottobre 2023

CAMBIAMENTI EPOCALI

Io volevo cambiare il mondo,
ma lo scontrino
è finito con i jeans
in lavatrice.

26 ottobre 2023

LA RIVOLUZIONE POSSIBILE

Tanto per cambiare,
un po' di rivoluzione:
cambiamo l'ora!

26 ottobre 2023

TERRA PIATTA?

No, cosa c'è dietro l'orizzonte?

Un altro orizzonte.

26 ottobre 2023

ASPETTANDO GAZA

L'attesa del tigì di oggi
mi fa venire l'ANSA.

LAMENTO DI ABELE

Ah, se fossi stato figlio unico!

LAMENTO DI REMO

Natura mea fecit saltum!

LAMENTO DI ROSMUNDA

Alboino, non darmi altro vino!

LAMENTO DI ANNA DI BOLENA

Enrico, per te ho proprio perso la testa!

«Questa mattina mi ha mandato a cercare, perché voleva che assistessi alla sua confessione in modo che, sentendo le sue parole, non avrei dubitato della sua innocenza. Al mio arrivo mi ha detto: «Signor Kingston, ho sentito dire che non morirò prima di mezzogiorno. Sono molto dispiaciuta perché pensavo che a quest'ora sarei già morta e non avrei più sofferto». Ho risposto che non avrebbe sofferto, se non un poco. E lei ha detto: «Ho sentito dire che il boia è molto bravo, e poi il mio collo è sottile», quindi ha messo le sue mani attorno al collo e ha riso di cuore. Ho visto molti uomini e molte donne condannati a morte ed erano tutti in gran pena ma, per quello che so, questa donna traeva grande allegria dalla morte. Il suo cappellano le era rimasto sempre vicino, fin dalle due di notte.»

(Estratto da una lettera scritta dal conestabile Kingston al primo ministro Thomas Cromwell)

98 ANNI

98 anni, 98 anni...
Mio padre avrebbe quell'età.
Invece non c'è più da 41.
Ora è ossa e polvere.
Non mi sgomenta pensarlo.
Lo penso pure
con i gomiti appoggiati al tavolo
e le mani a sorreggere il volto,
dopo cena e un bicchiere.
Io lo guardavo
e lo imito ora.
Una pena, allora,
tanto amore, tuttora.
Altro non dico.
È un dolore antico.

28 ottobre 2023

LA BUSSOLA INDICA IL SUD

Nel piccolo cabotaggio

del nostro golfo,

di Marina di Carrara, Viareggio,

le Cinque Terre,

Portofino, Camogli e Recco,

non serviva la bussola

ed era un gioco

guardarla, superflua e innocua.

Servì, invece,

a mare aperto,

verso la Giraglia,

e lì la bussola non sbaglia,

gradi 180,

il diretto opposto

del nero e freddo nord,

a inizio agosto.

Ribaltati gli orizzonti,

quell'ago bianco

mi rese stanco,

in ore al timone,

del vento la sensazione,

esser raggiunti da una barca amica,

farci a gara,

resistervi,

poi perdere,

e vederla allontanare

non intristì l'equipaggio,

lì avremmo rivisti,

a Macinaggio.

L'avventura meridionale

continuava

col maestrale.

(à suivre... la Corse!)

28 ottobre 2023

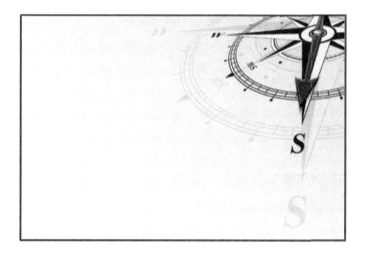

ME, WORRY?!?

Ho il dubbio di esser stupido e banale.

È un dubbio che talvolta mi assale.

È un dubbio e al tempo stesso

la prova reale

che sono del tutto normale

se dubito d'esser fesso

e mi rispondo che adesso,

se mi chiedo "Cosa ci faccio qui?"

è che rifuggo dai tiggì.

Una difesa razionale

di qualunque umano speciale.

28 ottobre 2023

CHE CI FACCIO QUI? - Paolo Luporini - YouTube

IL 4 NOV. DISERTA

Non mi sono pentito

di non aver disertato

ma di avere seguito

il destino dettato

dal sussurro suggerito

del comando del Fato.

28 ottobre 2023

UN OTTO ROVESCIATO

Un anello nuziale

è un cerchio perfetto.

Chiude in sé un circolo di affetti

dei testimoni di migliaia di giorni perfetti.

Le fedi appaiate sul cuscino dei paggetti

formano il simbolo d'infinito

e i confetti, il riso, i sì promessi,

gli anelli al dito,

l'amore senza interessi,

sperata felicità,

realizzata realtà.

Giorno dopo giorno,

dopo i fiori d'arancio,

tessiamo amore intorno

con rinnovato slancio.

È il massimo comun divisore

che alimenta il nostro amore,

giurato sul nostro onore.

- PRESO!

Ti rispondo che ti amo,

son tuo schiavo

pur se non chiamo.

Buonanotte, sogni d'oro

sarai sempre il mio tesoro!

28 ottobre 2023

UN'ORA IN PIÙ

Con l'ora legale,

vi sembra normale

fare una notte

con l'ora solare

e rilavorare

quell'ora infinita

che dura una vita?

29 ottobre 2023

"...*ragionando su questo passaggio, mi colpisce il fatto che questa ora legalmente 'non esista' e che quello che vi succede ed è successo... non abbia diritto neppure ad esserci stato. Io ho sognato... ed è stata un'impressione irreale, alle 2:20 (che erano le 3:20 dell'ora legale), ed è stato un sogno incerto e mal rappresentabile che non può essere narrato in quanto assurdo, ma vi ho imparato che un punto di vista può essere ribaltato come se si fosse presentato dal lato opposto della medaglia, che meno sbaglia! Rimare mi viene naturale, al ritmo del respirare..*"

ANTICIPARE LE LANCETTE

(6:53 ☁)

C'è chi,

già a mezzogiorno

del sabato,

anticipa alle undici

l'orologio

o se lo fa fare, mogio,.

se non è capace

o non gli piace.

Io, più sereno,

lo metto a un'ora meno

la mattina, sveglio.

Penso che sia meglio,

ma aspetto il sole

che mai viene,

con l'ansia nelle vene,

controllo

e ricontrollo,

dal terrazzo,

in pigiama, come un pazzo.

29 ottobre 2023

DUE CUORI

Due cuori,

una panchina.

Divano per innamorati di strada.

29 ottobre 202

FOSSI NORMALE

Tiferei Israele e Ucraina,

seguirei tiggì e azioni di terra,

di questa o l'altra guerra

che il burattinaio

ci vuol propinare

e mi farei un'opinione

largamente condivisa

anche dagli eroi in divisa

che sparano senza pensare

o schiacciano bottoni

senza sparare

continuando ad ammazzare

senza guardare

nel bianco degli occhi

il morto

e il suo sangue

che puzza di macello

ma che non è bello

trovarsi a respirare.

Il fuoco, le macerie, i palazzi diroccati

sono spettacoli

per occhi spalancati

ma annoiati

che s'aspettano miracoli

da schermi sul mondo sbarrati.

Non così son io,

col timore di un dio

che permette

di divorare il mondo a fette

a chi sforna la torta

di una Verità distorta.

29 ottobre 2023

The end - The Doors - YouTube

LO SO, LO SO

Dovrei essere altrove,

dove mi si ama,

dove sono cercato,

invitato,

eppure sto qui, solo,

afferrando parole al volo

e non mi consolo

se uno mi legge

e dice "grande!",

ma neppure un gregge

mi ci vorrebbe.

Vorrei, almeno,

non passar da scemo,

illuso qual sono,

che l'ascolto sia suono

che muove, aziona,

cambia, evolve,

risolve.

29 ottobre 2023

(Il mio autunno senza più foglie)

A PRESTO, UN RAGGIO DI SOLE

Amici,

non vedo l'ora

che siano le 18 di domani,

al circolo anziani,

pur con l'ora solare ed il buio,

in quell'amico salone luminoso

trovo una luce

che raramente trovo altrove.

30 ottobre 2023

BESTEMMIA

Quel tanghero ha citato Qohelet 3, 8

dicendo che questo

è il tempo della guerra.

CHI è lui per dirlo?

Se avesse continuato a leggere

sino al versetto 20,

avrebbe potuto interrogare la sua bibbia

sul significato di quel lungo pensiero.

Non si sarebbe fermato sul solo versetto

prendendolo come giustificazione

al suo atto empio

che lo macchia del sangue degli innocenti.

Il tempo di uccidere o di guarire

lo decide Dio

nella sua dimensione eterna

dove ogni tempo

è compresente

e ciò che nasce dalla polvere

polvere ritorna.

Gli orfani delle vittime,

non Dio,

lo giudicheranno.

Le madri delle vittime,

non Dio,

lo giudicheranno

da assassino

qual è.

È la vendetta, che è di Dio.

30 ottobre 2023

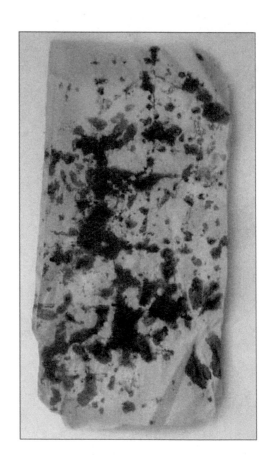

LA PORTA APERTA

Si rompe una serratura

a una famiglia.

Un piccolo incidente

che genera paure,

turni di sentinella,

mai assenze,

continue presenze,

orecchie tese,

pranzi affrettati

docce saltate o indifese.

Persino un bidet

è un problema attento

che avverte sgomento.

Nessuno la tocca,

la porta aperta

solo accostata,

attentata dal vento

e quello sgomento,

quella vigile attesa

d'una porta indifesa

crea una delusione

di una sfiducia

nel mondo altro

e nel destino

non sempre assassino,

a volte amico,

se bussa un vicino

che offre del vino.

31 ottobre 2023

L'AVVOCATESSA

Una mujer avocado

JUVE

Stendere maglie juventine.

4

---

[4] Banksy

PAOLO COGNETTI

Le mani dei montanari

e la mentalità del cittadino

messa nello zaino,

a portarla ad osservare

tutti i sentieri della montagna

e poi i posti fuori dai sentieri,

che portano a scrutare il piccolo,

che fa incontrare i licheni.

Se vi capitasse d'incontrarne una colonia,

scoprireste che non sapete nulla

di questi microrganismi,

proprio come non sapete quasi nulla

di moltissime altre cose

del vostro stesso mondo.

Non sapete nulla dei feldspati,

degli àcari,

delle spore,

della polvere

né della rugiada.

Del ghiaccio dei ghiacciai,

cosa sapete?

Cosa può dirvi delle epoche passate,

dei virus di centinaia di migliaia

di anni?

La dendrocronologia lo sapete cos'è?

Quale rapporto c'è

tra la luna e gli alberi?

Paolo Cognetti scopre,

dopo 15 anni che vive in montagna,

che il bosco e il suo lavoro

sono come una comunità cooperativa

non autoritaria ma paritaria,

autenticamente anarchica.

Dei montanari invidia

l'abilità delle mani

e sa bene che non potrà mai

impararla

e si limiterà, la sua mentalità

cittadina,

ad importarla.

In montagna.

E "Giù nella valle".

1 novembre 2023

ANTISEMITANA

Chi ha dato

la laurea

a certi campioni

del giornalismo improvvisato

televisivo

odierno

circadiano?

Cosa mi dite?.

Che indicano la luna

e io guardo il dito?

No, io ve lo dico,

lo fate voi.

L'antisemitismo

è un modo molto grave

di scagliarsi contro la destra d'Israele

e non guardate

ai genocidi

che con loro voi fate

sommando omicidi

a decine

di migliaia

ma guardate

centinaia

di murate

imbrattate.

Fatti gravi, certo!

Non quanto un conflitto aperto!

1 novembre 2023

DIO C'È

Dio c'è

(sempre meno tra la gente)

ma c'è.

È il nostro tessuto connettivo.

Non lo vedi

perché

è scritto tra le righe.

1 novembre 2023

CHIUDO LA PORTA

Ho aperto gli scuri

per lasciare entrare il buio

che c'è fuori,

ma ho chiuso la porta

per non farlo entrare

dall'esterno.

2 novembre 2023

DUE NOVEMBRE

... Ricorrono i morti...
nel loro eterno sonno
ci vengono in sogno
in qualunque giorno dell'anno.
Sbagliamo noi
a dar conto al tempo,
che non scorre,
ma è sempre uguale,
a Pasqua come a Natale
e ogni giorno o notte
è tramonto ed alba
di una giornata scialba.

2 novembre 2023

FIORI RECISI

Oggi è strage
di fiori recisi
e bambini vivi.
Quelli scongiurano
il ritorno dei morti,
quelli, la conquista degli orti.
Per la terra consuma l'ecatombe,
non c'è spazio per la marea di tombe
se piove dai cieli una peste di bombe.

2 novembre 2023

TORTE

Cosa fa pensare di più alla morte
di decine
di candeline
sulle torte?

2 novembre 2023

NON VOGLIO SAPERE

Non voglio sapere
dei vostri omicidi:
vi so per mestiere assassini
e lo fate col ghigno
macabro del boia;
per scacciare la noia
delle grigie caserme
sparate in faccia alla gente inerme.

2 novembre 2023

CHEWING-GUM

Quando più l'umanità...
MANCHERÀ... tornerà.

3 novembre 2023

CHI PLACA IL MARE?

Sono le sponde,

che confortano il mare in tormento.

Siate le sponde dei vostri fratelli.

Come scogli,

resistete,

come rena,

accogliete...

4 novembre 2023

TORMENTA, TORMENTO

La tormenta
è di neve,
è gelida,
insidiosa,
congela,
rende immobili
come statue di ghiaccio.
Il mio tormento è, invece,
un fuoco da dentro
che scotta il diaframma,
è una bruciante fiamma
che scuote, scoppietta,
mette fretta,
ribolle,
come un uovo che cuoce
se bolle
ed è atroce
il fremito che nuoce,
digrigna i denti,
prevede spaventi
d'un orrore temuto
di minuto in minuto.
Il tormento divora
d'ora in ora
una mente che lavora
sotto la dettatura
d'una prova dura,
un esame tardo

d'un 'maturo' in ritardo,
studente testardo
che scoccò il suo dardo
a un bersaglio lontano, di fronte,
si volge all'indietro, dopo 50 anni,
caricato di affanni,
già vittima di malanni,
ed è colpito dalla vista d'un monte
che gli oscura l'orizzonte
e capisce quel dardo perduto
come un addio o un saluto
lasciato andare
per non vederlo tornare.

Sempre un commiato mesto,
un "Arrivederci presto!".

4 novembre 2023

SENTITE QUESTA:

"Tecnico del suono

impiegato in una sala di registrazione

dopo vent'anni onorati

scappa con la cassa

senza lasciare tracce".

4 novembre 2023

CREATURES AT AN EXHIBITION

Le belle persone

non sono in mostra.

4 novembre 2023

DISFACENDO DISIMPARO

Disimparar disfacendo

è il motto programmatico

d'un destrutturar

cattedratico

del letto

dimenticando per diletto

quel qualcosa che fa difetto

nel rispetto

d'un passato perfetto

o un presente corretto

dal lisoformio esistenziale

con la vecchiaia vissuta male.

Picciol piacere occasionale

caduto in giorno feriale

il martedì,

il giovedì,

mai di venere:

riduce in cenere!

4 novembre 2023

TODARO

Cuori di carne

in scafi d'acciaio.

5 novembre 2023

NOTTI AL CASTELLO

Sotto alla torre

del castello di Lerici

c:è un baretto

in un chioschetto.

Qualche sedia e tavolini,

qualcuno beveva,

un toast o un gelato,

poche povere cose,

una o due chitarre,

molte belle ragazze,

creammo un paradiso

di luce, e paesaggio

di agitate notti un assaggio.

A me capitò di vedere

sotto una gonna sollevata

l'origine del piacere

e della vita,

nostra mancanza mai sopita,

che accende il desiderio

di qualche ora giovane

di un mondo adesso serio

che per divertirsi

cerca stordirsi.

Spero, per il futuro,

si riaccenda

la voglia d'amore in una tenda,

una notte a chiacchierare

aspettando l'alba

e una doccia insieme sognare.

5 novembre 2023

CIAO!

5 novembre

Daniela Cobaich Mascaretti

saluta tutti

"*Ho abitato la vita di rose...*

...e di rose ho riempito il buio"

IL CORAGGIO SOVRUMANO

L'alchimia non è

l'alambicco,

il cappellaccio,

mascherina, occhiali,

prove, saggi, becchi di Bunsen,

vapori di mercurio o zolfo,

ma lavorìo su sé stessi,

raffinare il carattere,

emozioni e sentimenti.

Evitare la rabbia, lo sdegno,

scegliere

la compassione,

il rispetto di sé,

i comandi

al proprio involucro di carne e al cervello,

al sangue,

per elevarsi

ascendere

a livelli più alti

della gretta rabbia,

la maledizione che ci tiene in gabbia

e lega a terra

a reincarnazioni

ed altra guerra,

alle mangiate e alle trombate,

al calcio-mercato e allo spettacolo

del MasterChef, il GiEffe, il Ballandio con le stelle

che son rimesse delle tre sorelle,

le Parche,

che ti filano, legano e tagliano

per disfarti e rifarti

in un ciclo ozioso e perverso

sino a che ti fai diverso

e ti sollevi da te

con fede e volontà sovrumana

eroe per te stesso

se smetti d'esser fesso e ti assurgi a dio

nel coraggio intelligente dell'io,

altrimenti

sei un coglione, amico mio!

5 novembre 2023

SALVARSI DAL DISASTRO

Il mondo crolla.

Va tutto giù.

Si rotola nella melma

del fango che ha provocato,

della catastrofe che ha creato.

I vicini si scannano

come feroci assassini,

spargono virus, creano bombe

d'un'umanità senza tombe.

... È solo l'ecatombe.

L'Allerta è: SALVARSI!

Tirare a scamparsi.

Lo si fa nel piccolo come nel grande:

lavare mutande,

far diete, movimento,

generare alimenti,

cibo, lavoro, cultura,

e vedrete che il mondo dura.

Ci sarà tempo per una scuola,

ma non basterà da sola!

Madri e padri non smettano di e-ducare,

gli altri aiutare,

é questo da tornare a dare e fare!

5 novembre 2023

TROVA LE DIFFERENZE

Chi attacca gli ebrei
per le colpe dei sionisti
non capisce la differenza.

Così, chi giustifica gli israeliani,
tace il sionismo
e nega la terra ai palestinesi.

6 novembre 2023

L'AMORE AI TEMPI DEL CORONAVIRUS

Parole, parole, parole,

parole, parole, parole,

parole, parole, parole,

parole, parole, parole,

parole, parole, parole,

parole, parole, soltanto parole,

parole tra noi.

(Mina)

6 novembre 2023

BACH AIRE
Musica nuda

Traduzione libera e reinterpretata

Innanzitutto...

La canzone d'amore non è mai stupida

Mai, mai, molto prima dell'amore

Che porta l'alba

Prima dell'amore che portò il mare

E insieme la luce del sole

Nello splendore di quando nacque la prima vita.

Innanzitutto...

Quando la canzone d'amore non è mai muta

Mai, mai, mai, molto prima dell'amore

Che porta l'alba

Prima dell'amore che portò il mare

E insieme la luce del sole

Nello splendore, quando nacque la prima vita.

Sotto il cielo errante

Tutto vaga, il tuo cuore, per farti capire

l'uomo che ha rubato

Per solitudine e smarrimento ma conosce la canzone

Che canta nella notte più buia.

Tutto considerato,

Oh, meraviglia ancora più grande, sicuramente!

Oltre il ritornello

Canzone, canto d'amore

Canzone antica

Mai cantata

Ma percorre destini promessi.

Certo che lo sarà, per te e per me

Una cosa perfetta!

Una canzone canta attraverso i secoli

E, allegramente, canta in me.

6 novembre 2023

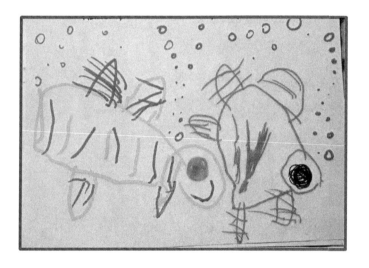

TIENTELO PER TE

C'è un trucco

per salvarsi:

mentre tutti cadono intorno a te,

riuscire a stare in piedi.

6 novembre 2023

ALLO SPECCHIO

Mi riguardo,
dopo tanti anni,
da quando mi ci schiacciavo
i brufoli sul naso,
e mi vedo
le borse sotto gli occhi:
mi sembrano valigie
per una prossima partenza,
ma partirò senza.
- FINE -
(A presto!)

PS: Ciascuno ha l'età che si merita!

7 novembre 2023

149

I SETTE SÌ

Il "metodo dei sette sì" da dichiarare alla poesia.

Il primo sì è al silenzio.
Il secondo sì è alla parola.
Il terzo sì è all'altro.
Il quarto sì è il lavoro (labor limae).
Il quinto sì è toccare il nodo.
Il sesto sì è la voce.
Il settimo – ed ultimo – sì è la forma fissa.

Dunque, cos'è la poesia?
Sicuramente, né lieve né indolore,
la poesia è la capacità
di riattivare il linguaggio.

Bìos

Bìos significa vita, in greco, indica le condizioni, i modi in cui si svolge la nostra vita. *Zoé* è dunque la vita che è in noi e per mezzo della quale viviamo (*qua vivimus*), bìos allude al modo in cui viviamo (*quam vivimus*), cioè le modalità che caratterizzano ad esempio la vita contemplativa, la vita politica ecc., per le quali la lingua greca usa appunto il termine bìos accompagnato da un aggettivo qualificante. Perciò questa collana comprende molti soggetti di genere diverso che, tutti, la riguardano.

Sherlock Holmes e le lucertole mongole che detestano i formaggi piccanti PAOLO LUPORINI

Il filatelista ovvero Il cielo sopra via Torino PAOLO LUPORINI

M'assale un Gubbio: Una noce sul vaso PAOLO LUPORINI

A PROPOSITO PAOLO LUPORINI

La Crociera dell'Ephemeris PAOLO LUPORINI

Grazia e Meraviglia PAOLO LUPORINI

éidos e sguardo PAOLO LUPORINI

Il compattamento-La colonia PAOLO LUPORINI

La Pietà di Soviore PAOLO LUPORINI

377, 5th Ave PAOLO LUPORINI

Klingon Musik PAOLO LUPORINI

La confidenza di Aurora PAOLO LUPORINI

Su giù PAOLO LUPORINI

Nasturzio PAOLO LUPORINI

SOTTO/SOPRA PAOLO LUPORINI

SINISTRADESTRA PAOLO LUPORINI

SPLIT PAOLO LUPORINI

NORD-OVEST PAOLO LUPORINI

IN VETTA PAOLO LUPORINI

GLI SCOUT, racconti ASCI, AGI, AGESCI e MASCI
PAOLO LUPORINI

CORSO CAVOUR 372   PAOLO LUPORINI

LA PIGRA BABY-SITTER   PAOLO LUPORINI

IL LIBRINO DI RONNY STELLA   PAOLO LUPORINI

UN RACCONTO DI NATALE   PAOLO LUPORINI

COME I GAMBERI   PAOLO LUPORINI

LIBERTY BELL   PAOLO LUPORINI

Poesie

VUOTO PAOLO LUPORINI

- Silloge breve. Cinquantanove poesie scritte in due mesi del 2021 e in quattro del 1982.

NOVUM CARMĔN PAOLO LUPORINI

- Silloge breve. Poesie dal 6 marzo 2021 al 10 settembre 2021. Le eccezioni confermano la regola.

FIORI DI SETTEMBRE PAOLO LUPORINI

- Terza raccolta di poesie.

SUDOKU... ma Godot! PAOLO LUPORINI

- Vorrei strapparvi un sorriso... da quelle facce lunghe, aiutatemi ad aiutarvi. Un sorriso ci salverà.

PIANTO IL RISO PAOLO LUPORINI

- Un sorriso, di questi tempi, sarebbe un gesto rivoluzionario, sovversivo.

UN ABBRACCIO PAOLO LUPORINI

- È tempo di tornare ad abbracciarci! Almeno con il cuore.

CANI E LUPI PAOLO LUPORINI

Vi riunite in branco / Contro i lupi della foresta / La lotta sarà aspra, / La difesa strenua.

IL SOSPIRO PAOLO LUPORINI

-Dicono che i sospiri siano la risposta a tutte le domande rimaste sospese in aria; dicono che alcuni sospiri racchiudano in sé più amore di qualsiasi bacio; ma se l'uomo sospira, è per un motivo concreto: per non morire…

LA BELLEZZA DELLA SERA PAOLO LUPORINI

«Ascolta… si fa sera.» Il fascino di una sera porta a una notte di promesse: Pace, Oblìo, Passione, a volte, meditazioni, progetti, sogni per l'indomani (che può non arrivare).

PESTE 2020 PAOLO LUPORINI

-Peste 2020 doveva essere un'opera profetica di Paolo Luporini ipotizzata già nel 2016, che anticipava i fatti di un'epidemia apocalittica del mondo della globalizzazione, in cui i muri risultano tentativi inefficaci e brutali per fermarla. Strumenti asociali di un'esagerata differenza di classi separate dal sopruso violento che ispirano la rivolta della solidarietà. L'aspetto corale, frammisto alle vicende dei singoli personaggi, con le loro scelte condiziona il corso degli eventi verso la rinascita sperata. Invece, superato dai fatti, si è trasformato nel titolo della decima raccolta di poesie, o meglio, pensierini, che rimuovono la realtà dei contagi e dei decessi e parlano della vita e della poetica in questi tempi di resistenza.

SOPRA LA PANCA PAOLO LUPORINI

-11° libro di 'pensierini' di Paolo Luporini, iniziato l'11° giorno del settembre 2022, giorno di tragedie, libro che tratta invece di Felicità.

KILO PAOLO LUPORINI

-Un chilo è un piccolo peso, solo dieci etti, ma può crescere, e la sua leggerezza diventare pesante, come il volume. Un tempo i volumi erano molto pesanti, i miei cerco di mantenerli leggeri, quando l'aria si fa pesante.

STRAMBATA PAOLO LUPORINI

-A chi / ha / problemi / di rotta: / Fatevi guidare dal vento. / Godetevelo, tra i capelli, / affonderemo tutti!

NON SAPREI PAOLO LUPORINI

-Non è un dubbio, ma una scusa d'incompetenza.

QUINDICI + QUINDICI PAOLO LUPORINI

-Quindicesimo libro dei miei pensierini.

VITA SEGRETA PAOLO LUPORINI

-Sedicesimo libro dei miei pensierini.

IL TORSOLO PAOLO LUPORINI

-Il torsolo è ciò che lasci di una mela. Sia che l'addenti, lavata o no, còlta dall'albero, rubata, o pagata all'ortolano, al verduraio o acciuffata in un supermercato, o in un banchetto della tua Fiera di San Giuseppe, ricordo di un carrettino che le vendeva caramellate davanti a scuola. È ciò che resta dopo averla gustata sino in fondo. Io, con la mia tecnica, ne lascio sempre una porzione minuscola, per i porci. Sono avido e parco, Di ciò che resta, ora ci gioco. Pinocchio si mangiò i torsoli che aveva in tasca. Ma questa è un'altra storia…

LA SOMBRA PAOLO LUPORINI

-La Sombra è ciò che lasci su una superficie, quando sei trafitto da un raggio di sole o da una fonte artificiale. La Sombra ti rincorre o ti anticipa e tu le zompi addosso con un salto, ma scompare, svanisce, se una nuvola appare o la pioggia la lava via.

L'ALBA, IL GIORNO DOPO PAOLO LUPORINI

-L'alba, il giorno dopo, presuppone una morte simbolica a sé stessi. Di questo, cercano di parlare molte delle poesie di questa raccolta. Possono essere ancora pensierini, non sopravvalutatemi (io stesso, spesso, faccio questo errore)!

RIPASSI PAOLO LUPORINI

-Ripassi la tua storia privata e collettiva e ricordi crocicchi della via, luoghi dove persone hanno disseminato tracce, lasciato segni di pista, minato i passaggi o costruito muri o ponti. Ripassarci per sminare, abbattere, ricostruire.

GARIBALDI PAOLO LUPORINI

–Garibaldi è presente a Spezia con un monumento molto bello e particolare, un monumento equestre in cui il cavallo è rampante e poggia solo su due zampe, quelle posteriori. Sono presenti targhe ricordo del suo passaggio, alcune nascoste che riservano sorprese, come questa fioritura che ogni anno si ripete nei Giardini pubblici della città, con rinnovata Meraviglia degli occhi e del cuore. Sono i segnali di una Bella Estate.

RIFUGI PAOLO LUPORINI

-Una raccolta che prende il nome dall'archetipo dei rifugi. Sono le antiche grotte riparo dei primitivi, nostri antenati, che hanno tramandato filogeneticamente il bisogno di ripararsi dai pericoli vitali. Sono oggi gli ospedali, domani le Case di cura, le RSA, dove la ricerca di un riparo è negata e vi si trova una definitiva condanna. A volte si scampa e il rifugio si trova poi nella sublimazione della religione, della socialità, dell'arte, di un hobby, degli affetti, rifugi molto più sicuri.

TORNA! PAOLO LUPORINI

- Come suggerito dal film del 1953 TORNA! (Raffaello Matarazzo), e, meglio ancora, dal dialetto spezzino, l'invocazione è pure un fastidio di un ritorno che è una ripetizione, una condanna del già visto, ripetuto, noia petulante di un ritornello assordante.

IL DRAGO MANGIACOLORI PAOLO LUPORINI

- È l'eterna battaglia tra i colori e il grigio, messa in poesia, con i pensierini semplici o complessi che colorano anche le mie notti, i mattini, i meriggi, a volte i pomeriggi.

"Paolo, quale dei tuoi 18 libri di pensierini consigli?"

"NON SAPREI"

Collaborazioni

No me faltes tu   Francisco Humberto Gonzalez
Reyes cartaceo

No me faltes tu   Francisco Humberto Gonzalez
Reyes Kindle

La Fragranza del Clive Christian   MIRKO FERRARINI

...di altre Fragranze   MIRKO FERRARINI

La scia del suo profumo   MIRKO FERRARINI

Gnocco pesto   ELIO DOLCELLI, PAOLO LUPORINI

Cari coetanei   ELIO DOLCELLI, PAOLO LUPORINI

QUANDO   ELIO DOLCELLI, PAOLO LUPORINI

Umanità immagini e parole   Autori Vari

I RAGAZZI DELLE ACACIE   ENRICO CASTAGNA

INDICE

Pubblicato nel novembre 2023

Printed in Great Britain
by Amazon

33340726R00096